E OTRO BANDA DI E MEDAYA

Marella Nahr-Angelica

"Amor ta e poder mas duradero na mundu. E forsa kreativo, asina bon demostrá ku e bida di Hesukristo, i ta e instrumento mas potente disponibel den e búskeda di humanidat pa pas i seguridat."

~Martin Luther King

"Skirbi un buki na Papiamentu, nos idioma materno ta algu maravioso, spesialmente si e kontenido ta deskribí realismo ku ta reina den un sosiedat i tambe ta agra-dabel i ta kapta atenshon di e lektor pa e sigui lesa te na final. Por konsiderá e obra akí komo un obra pedagógiko i moralisante. Algun tema manera: "amor", "pordon", "rekonsiliashon", "resignashon" i "apresio pa "bida" ku ta e regalo di mas grandi i presioso ku nos a risibí, ta pone e lektor reflekshoná pa sigui dal bai i disfrutá positivamente di bida!"

Mi felisitashon pa e outora Marella.

~Reginald Victor Römer

E buki akí ku tin título: "E otro banda di e medaya", ta un inspirashon ku a bini despues ku mi a skirbí e buki "Spil no ta gaña".

Mi a risibí diferente petishon di lesadónan ku ta interesá pa sa kiko e otro partido tin di konta.

Milah a lanta tende semper ku un medaya tin dos banda, i tin hende ta bisa ku un medaya tin asta tres banda.

Den un historia anterior nos por a lesa kon e bida matrimonial di Milah i Toni a transkurí.

Hopi aspekto i detaye a bini dilanti i por a mira ku Toni a skrudiñá su kurason i el a nota unda su fayonan tabata. E buki, "Spil no ta gaña", ta terminá ku Toni pensando si tin speransa p'e ku Milah. Speransa ku un dia nan lo por ta huntu bèk komo pareha.

Den e buki akí Milah ta laga nos mira e otro banda di e medaya.

E kontenido ta basá riba elementonan ku a i ta tuma lugá den bida real.

Mi ta spera ku e por nifiká algu pa bo.

Mi ta yama danki na tur ku di un òf otro forma a kontribuí pa e buki akí por bira realidat.

Spesialmente na:
1. Dios pa Su inspirashon,
2. André Nahr, mi esposo pa su sosten,
3. Welton Esprit pa duna bida na e obra,
4. Achsa J Angelica pa su kreatividat pa loke ta ilustrashon,
5. Reginald Römer ku a atendé ku loke ta su spesialidat, idioma Papiamentu,
6. Johnny Angelica pa su kontribushon
7. Jenilva (Jenny) Coffi-Alberto pa duna forma na e buki,
8. I Saved to Serve Publishing ku a Publikà e obra aki.

i na tur ku lo tuma tempu pa lesa: "E otro banda di e medaya".

Un medaya tin di ber ku lucha, kurashi, kontinuashon, resultado, posishon, triunfo i éksito. Lesando "E otro banda di e medaya" mi a topa tur e ingredientenan den e literatura interesante akí. M'a mira un lès importante pa tur esnan ku a kere na promé instante ku nan ta un pèrdèdó òf ku nan a frakasá.

Éksito no ta e final; frakaso no ta fatal: Ta e kurashi pa kontinuá ta konta. Palabranan profundo di Sir Winston S. Churchill.

Esaki ta netamente loke Milah, e muhé defroudá, na kaminda pa depreshon i na rant di destrukshon, a hasi ora e no tabata mira solo su rayonan mas, ora e sabor di felisidat a kambia den e amargura di rechaso i e dulsura di kompañerismo a bira abandono i soledat.

Hopi be nos ta para diskutí ku un medaya tin 2 òf 3 banda pero e realidat t'esaki: un medaya tin di ber ku lucha, kurashi, kontinuashon, resultado, posishon, triunfo i éksito. Milah a demostrá e karakterístikanan akí no opstante tur doló, sufrimentu i ansiedat.

Lesa i mira kon pa su karakter firme i fuerte, fiel i ferveroso, no Milah so a triunfá i optené un medaya sino su yunan i te asta esun ku a okashon'é asina tantu doló.

Segun ami, komo lesadó, ta kere ku Toni ta na kaminda pa optené un medaya, ban mira kiko ta sigui. Korda esaki kiko apòstel Pablo a bisa nos: Boso sa ku di tur e atletanan ku ta kore den un kareda, ta ún so ta bai ku e premio. **Wèl, kore di moda ku boso ta gana e premio!**

Welton, Papi Esprit

Nos ta biba den un mundu kibrá, ku tur su retonan. Maske kuantu hende hasi su máksimo esfuerso, semper tin algu ku e no a mira ni premirá. Su desishonnan ta basá riba kosnan pasahero i kontinuamente e ta pasa den tèstnan (pruebanan) di bida i tambe tentashonnan. Den e buki akí "E otro banda di e medaya!" bo ta mira ku no opstante ken e hende ta, e ta hañé konfrontá ku e kosnan akí. Hende por traha trampa pa otro i hende por ta di yudansa pa otro. Den tur esakinan ta un benefisio grandi si e por bisa huntu ku e salmista [1]"hibami na e baranka ku ta mas grandi ku mi".

Toni i Milah a prepará i plania; nan a papia hopi ku otro pero nèt e kos ku nan mester a papia riba dje, niun di dos no a kai ariba. Kiko esei tabata? Mi ta laga esei pa abo lesadó mes deskubrí. Unabes bo kuminsá lesa e buki akí ta difísil pa kohe brek i e tin un fin abrí ku por pone abo sigui meditá riba nan futuro. Un pabien na mi kasá Marella ku un buki mas por a yega den man di abo ku ta lesando.

Ir. André A.M. Nahr

1 - Salmo 61:2

Invitashon pa Milah   13

Kapítulo 1: Mi héroe i mi modelo   19

Kapítulo 2 : E amor di mi bida   23

Kapitulo 3 : Konseho i bendishon di mama   29

Kapitulo 4 : E gran dia   35

Kapitulo 5 : Yu ta bendishon   43

Kapitulo 6 : Por stima di nobo?   47

Kapitulo 7 : Alegria i Tristesa   53

Kapitulo 8 : Karta ku mi yu a skirbi   61

Kapitulo 9 : Kiko pa hasi?   65

Kapitulo 10 : Konfeshon i pordon   71

Kapitulo 11 : I awe, unda Milah ta pará?   77

Protektornan pa un Matrimonio i Famia Fuerte i Firme ta un organisashon ku ta traha netamente na bienestar di e parehanan matrimonial i nan famia. Nan ta duna entre otro estudionan pre-matrimonial, noviasgo i amistat real. Un organisashon ku tin apenas diesshete luna di eksistensia. Algun pareha a bini huntu i a disidí ku nan no por ni ke sigui mira kon divorsio ta oumentá asina drástikamente den nos komunidat. Aktualmente kasi sinkuenta porshento di e matrimonionan ta terminá den divorsio. E organisashon akí a invitá Milah pa e por kompartí ku esnan presente algun suseso ku el a pasa aden. Susesonan doloroso i tristu, ku a laga markanan den Milah su kurason i mente.

Milah a pensa hopi promé, si ta balapena konta su bida ya ku tabatin asina tantu kos fastioso ku el a pasa aden. Di otro banda e ta pensa ku otronan por saka un lès afó. Sintá riba su stul den sala, despues di a meditá Milah ta aseptá e reto. E ta lanta bai den su tas di trabou i kohe su agenda i ta kuminsá skirbi tur kos pa asina e por tin sigur ku e ta konta loke ta di importansia pa esnan presente. E ta bisa den su mes: "Di e forma ei mi no ta lubidá kiko ta e esensia di mi presensia na e aktividat tan importante akí i tambe ku mi por sirbi komo un testimonio bibu di kiko Dios ta kapas pa hasi den bida di hende defroudá i rechasá".

Loke ku sigur ta nesesario pa bini dilanti ta, ku semper un medaya tin un otro banda.

Turesten ku e invitádonan ta drentando, Milah ta apartá su mes den un otro sala, pa asina e por bebe un té.

Su mihó amiga, un señora mashá pertinènt, di estatura kòrtiku, koló brùin, di masoménos kuarenta aña, ta aserká Milah i puntr'é si tur kos ta bon kuné. Milah ta hisa su kabes, mira su amiga den su kara i ku un bos poko temblá ta bis'é: "Mi tin ku rekonosé ku mi ta mashá nèrvioso ya ku ta promé biaha ku mi ta bai konta parti di mi bida den públiko.

Semper mi a warda tur loke mi a pasa aden te den profundidat di mi kurason. Realmente mi no sa ku ta warda òf ta skonde. Pero poko poko mi ta realisá ku ta bon pa kompartí ku otronan, pa dos motibu. Na promé lugá: nan por siña afó i motibu number dos pasobra mi por bolbe reflekshoná kiko a pasa, kiko mi por a hasi otro i na unda mi tabata robes. Esaki por yudami pa asina mi por kontinuá!

Leu ayá Milah ta tende e maestro di seremonia yama su nòmber. Milah ta bira bisa su amiga: "No tin moda di hasi." E ta bula lanta for di su stul i huntu ku su amiga ta kohe rumbo pa e sala di evento. "Amiga, e momento a yega pa konta e otro banda di e medaya."

E maestro di seremonia ta duna un splikashon kòrtiku ken Milah ta i e motibu ku a invit'é pa kompartí ku e invitadonan. E ta bisa: "E anochi lo por dura mas largu ku ta kustumbrá, sinembargo ta balapena pasobra ta algu ku hopi hende muhé

ta eksperiensiá ku boka ketu. I si akaso loke bo tende awe resultá di ta algu nobo, porfabor laga pa e sirbi komo informashon krusial pa bo. Tuma tambe loke bo tende awe nochi komo un spièrtamentu ya bo por siña i sa kiko algun otro pareha ta pasa den nan bida. Tuma nos programa awe nochi komo un motivashon, kompañá ku un promoshon pa matrimonio i famianan bendishoná i salú. Laga nos risibi Milah ku un aplouso."

Milah a tuma e mikrófono i ta kuminsá papia:
"Tin be un hende ta mira un pareha i ta deseá ku nan propio esposo òf esposa por ta manera e hòmber òf muhé di e otro. Por ta ku nan ta mira ku e persona ku ta forma parti di e otro pareha ta un pastor, dosente òf tin kualke otro profeshon.

No kibukábo, pasobra e yerba por parse mas bèrdè na e otro banda ma e yerba ku bo ta mira por resultá di ta yerba artifisial.

No kudishá ni deseá loke ta di otro. Bo no ta na altura kua proseso e pareha a pasa òf ta pasando aden. Kòrda tene na kuenta ku un medaya tin porlomenos un otro banda."

"Lagami konta algu di mi kas for di unda mi a bini. Mi a lanta den kas huntu ku mi mama i tata. Ami tabata e yu di mas chikitu, loke ta konosí komo e grawata di wea. Tur ora mi rumannan tabata laga sa ku mi tata a malkriámi.

Mi tin ku atmití ku mi tabatin un bon relashon ku mi tata. Nos por a komuniká bon ku otro. Mi tabatin un atmirashon inmenso p'e. E tabata traha warda i e dianan ku e traha den dia e tabata bini kas for di su trabou ku fruta ku e ta pasa kumpra na barku. Mi tabata para pafó pa mi tuma e saku serka dje i ku su man tené òf tin biaha riba su lomba mi tabata bai paden.

Mi tata, mi héroe. Segunmi tabata krese mi tabatin semper den mi mente ku si un dia mi kasa, lo mi ke un hòmber manera mi tata. Nunka e no a ofendé mi mama. Semper el a papia ku bos abou. Den wikènt e tabata dal su drenks i e ora ei bo tabata tend'é ta kanta, un tiki falsu sí, ma mi tambe tabata djòin e.

Mi mama, mi modelo, di otro banda tabata un muhé di su kas. Semper mi mama a sòru pa nos ta limpi, desente, nèchi i na òrdu bistí. I pa ami, mi mama ta e mihó kòki na mundu. Mayo, mi mama, tabata sirbi den misa i serka dje mi a siña hasi orashon. Dianan spesial mi tabata bai misa kuné, asina ei mi tabata haña un oportunidat pa kanta den e kor. Mi mama tabata gusta lesa for di Beibel maske

ku ora mester skual nos e tabata sita for di un buki na Hulandes ku yama: ''Hoe hoort het eigenlijk''!

Mayo a siña nos di ta un muhé ku ta duna rèspèt i tambe demandá rèspèt. Su palabra fast ku e tabata usa ta: "Bo no ta ko'i hunga, pues no laga niun hende hunga ku bo." Nos no tabatin hopi plaka. Ma tòg di un manera òf otro nos no tabatin falta di nada.

Mi tata a siña nos e importansia di spar pa nos por logra nos metanan.

For di chikí semper mi tabata bisa ku ami ke bira un frumu. Mi ta pensa ku ta naturalesa a hala mi atenshon i mi a ripará ku mi stima mucha. Mi tata a sostené mi soño i mi deseo. Pa por hasi esei posibel, tur luna e tabata hasi esfuerso pa pone un tiki sèn un banda pa dia mi por a bai sigui mi estudio. Asina mi no tabatin mester di fia hopi plaka di gobièrnu pa paga pa por studia.

Dia mi a haña notisia ku mi tata a fayesé tabata un dia ku nunka mas mi por lubidá. M'a sinti manera un parti di mi a bai. Mi héroe no tabatei mas. Promé ku el a muri, el a kohe mi man tene i el a bisami: 'Ya mi no ta bai tei mas pa kuidabo. Kòrda loke bo mama a siñabo, mi yu, bo no ta ko'i hunga kuné. No laga niun hòmber hasi ko'i chòmbòn ku bo. Kuida bo mes i sea sabí!"

Milah ta tuma un lensu di papel i segun e ta seka su wowonan e ta bisa: "Kisas mi a buska mi tata, mi héroe, den e amigunan ku mi tabatin òf asta den Toni?"

Ku un sonrisa riba su kara, Milah ta sigui konta: "Mi a konosé Toni, i for di e momento ei mi tabata sa ku e yònkuman akí lo a bira e amor di mi bida. Kada be ku mi mir'é i tabata den su besindario mi kurason tabata bati mas duru, lo ta e barbulètènan den mi barika." Tur hende den e sala a kuminsá hari i un señora di poko edat a komentá: "Bo n'ta haña?"

"Shonnan imaginá boso, nos a sinta den mes klas for di skol básiko te skol avansá. I asina nos a sigui huntu tur nos añanan eskolar, mi no sa ku ta un kasualidat òf suerte, pero nan tabata pone nos den mes klas. Dia nos a graduá na skol avansá, Toni a deklarámi su amor. Nos a primintí otro ku nos ta bai studia i lo keda fiel na otro. E dia ei mi ta kòrda manera ta ayera, kon hopi otro mucha muhé di skol a rondoná Toni pa felisit'é, ya komo el a sali e mihó alumno di e aña ei. Riba un distansia mi a para opservá e evento akí mashá trankilamente, yen di konfiansa i siguransa.

Di repente nos miradanan a krusa otro, manera welek ta move di nort pa sùit òf di ost pa wèst.

Toni a logra lòs su mes for di su atmiradónan i a kana bini den mi direkshon. Mi a dun'é un man pa yam'é pabien ku su logro i Toni a keda ku mi man tené. Toni a saka un renchi i pon'é na mi dede. Su palabranan bunita i bon skohé a tokami mesora. "Milah, bo sa ku no ta kos di aworakí, ta for di chikitu m'a bisabo ku mi ta gustabo

mashá hopi mes. Bo ta otro for di e otro amiganan ku mi tin. Awe ta un dia mashá spesial i mi ke kompartié ku abo. No solamente mi logro di a slag komo e mihó di skol sino algu mas personal. Mi ta dunabo e renchi akí komo un akto simbóliko.

Mi ta subi avion den dos dia i mi no ke bai sin sera un kompromiso ku bo. Mi ke sera un pakto ku bo. Mi ta bini bèk i lo mi buskabo. Mi ke pidibo pa ta mi frei". Miéntras Toni tabata demostrando Milah su amor, e multitut a keda para mira tur Toni su moveshonnan ku Milah. Di repente un aplouso a sona i for di diferente skina bo por a tende: "Pabien, tremendo Choròmbo, dushi bo ta hasi!"

"Mi no por gaña, ku un smail grandi riba mi kara, e úniko kos ku mi por a hasi ta sakudí mi kabes den forma di bisa, sí. E dia ei, den kurá di skol, di un forma simpel asina, nos a primintí otro di keda fiel i mantené nos na e kompromiso.
Toni a bai studia matématika na Hulanda i ami a bai Costa Rica i studia pa bira frumu. Nos a keda skirbi otro i debesenkuando tabatin un yamada di telefon. E tempu ei no tabatin whatsapp i e tipo di medionan sosial pa por komuniká fásilmente ku otro.

Durante e añanan di estudio na Costa Rica na diferente okashon kabayeronan a aserkámi i konfesá ku sea nan tin sintimentu pa mi òf nan ke tin un amistat íntimo ku mi.

Ami, kòrdando riba mi promesa na Toni, semper a respetá loke mi a primintí. Mi tin ku atmití ku no tabata niun tiki fásil ya ku mi tabata gusta e atenshon ei. Mi mester a pone mi mente i kurason na loke ku mi a bai Costa Rica pa hasi i enfoká pa mi kaba mi estudio.

Toni a terminá su estudio i a regresá Korsou promé ku mi. Nos a keda den kontakto ku otro i na momento ku mi tambe a kaba i a bai bèk, Toni tabata na aeropuerto wardando riba mi. Ora mi a mira un bukèt di rosa mashá grandi mes, mi tabatin sigur ku ta Toni tabata skondí su tras. E no a duna mi famia ora ni porta. Toni tabata te dilanti pa yamami bonbiní i mesora el a probechá pa invitámi pa nos por kòmbersá.

M'a laga un par di dia pasa despues di mi regreso. Mi tabata ker a pensa pa mi mes si mi sintimentu pa Toni a keda meskos. Mi mester a atmití ku ora el a brasami na Hato mi a sinti e barbulètènan den mi barika. Nos a tuma kontakto ku otro i a palabrá pa topa. E dia di nos sita ei, ora nos a topa, Toni a bolbe deklará su amor na mi. Mi tambe a konfirmá ku mi sintimentunan no a kambia.

Despues di un par di dia Toni a invitámi pa nos por bolbe palabrá pa por papia ku otro. E biaha ei nos a topa na un lugá ku ta bende piza. Nos a disfrutá di e kuminda i nèt promé ku nos a kuminsá kome un eiskrim, Toni a kohe mi man tene i keda mirami ku dos wowo anchu abrí. El a

kai na rudia i ku un bos mashá suave i amoroso el a puntrami pa mi kasa kuné. Toni a hasimi un pregunta mas : "Milah, Milah,… un silensio ku a dura manera un eternidat, miéntras su mannan tabata tembla, Milah, bo ta kla pa kana banda di mi i no riba mi kabes, ni bou di mi pia, sino banda di mi i serka serka di mi kurason?"

El a bisami ku mi no mester kontestá mesora ma ku mi por tuma mi tempu.

Mi tabata mashá kontentu i e muhé di mas felis na mundu pasobra e amor di mi bida a ofresémi matrimonio. Ya mi a kuminsá pensa den mi mes riba algun detaye pa e gran dia, maske mi no a kontestá Toni mesora, pasobra e mes a bisa ku mi por a tuma mi tempu.

E dia siguiente mi a bai papia ku mi mama."

"Mi mama, Mayo (dfm), tabata un muhé balente di masoménos un meter sesenta, kabei largu te riba su skouru, un muhé virtuoso[2] ku vishon. E tabata sa ken e ta, kiko e ke, kiko e por i alabes e tabata sa su lugá den matrimonio.

Un señora na òrdu i zeloso, no di hopi beheit sino ku [3]palabranan na ora. Un ser humano ku mi no por a keda sin stima, un dushi hende pa por tabata den su presensia. Na bos duru i hariendo, mi tabata kohe mi mama su brasa i bis'é, shon Mayo, tata a haña un bon kos serka Kreador[4]. Hahahahahaha.

Ora mi a kompartí ku mi dushi mama ku Toni a ofresémi pa kasa kuné, shon Mayo tabatin esaki pa bisámi. Kontando boso mi historia, ta komosifuera mi ta skuchando su stèm aworakí. Mi por kòrda kon e muhé amabel i atento, e mama ehemplar akí, a kohe mi mannan tene i ku bos suave i simpel a bisami: "Milah, mama ta mashá kontentu ku bo ta bai kasa ku Toni pero..."

Mi a keda mira mi mama duru den su kara ku un kurason kontentu pa e konfirmashon sperando kiko mas e ta bai bisa. A sigui un pousa chikí di masoménos 30 sekònde i despues Mayo a kontinuá ku su diskurso pero e biaha akí den un tono mas severo. "Loke mama ke konsehábo ta trata semper pa bo

---

2 - Proverbio 31
3 - Proverbio 25:11; 15:23
4 - Proverbio 18:22

ta bo mes. Pero pèrmití Toni tambe pa e por ta su mes."

Ku su bista fihá riba mi i pasando su man na mi kara, mama a bisami: "Mi yu sòru pa semper boso demostrá stimashon i rèspèt un pa otro. Sea semper [5]esun promé pa respetá otro. Stima otro sinseramente i di kurason. Bo a mira kon mama a stima bo tata i semper a respet'é. Di bo tata su banda, nunka el a faltami rèspèt. E tabata dal su drenks ma ni e oranan ei, e no tabata hasi nada fo'i sla, alkontrario, e tabata skohe pa kanta i hasi prèt. Aunke bo mama mester konfesábo ku nunka mi no tabata ke pa e bebe. Pero Dios a warda nos pasobra alkohòl no ta kos di hasi wega kuné."

Tiki, tiki tragando loke mi mama tabata papiando...
Mayo a sigui komosifuera ku e no sa mes ku su palabranan a tochi mi: "Bo tata, un berdadero kabayero, no e hòmber ku mas bon tipo na mundu, pero si un ser gentil i ku hopi komprenshon. El a sòru bon pa su famia i nunka el a bai ku otro hende muhé. Dia nos a kasa el a bisami ku el a keiru sufisientemente i ku e ta primintími fieldat.
I el a kumpli! Mi yu, sí, sigur kompai a kumpli kabalmente ku nos pakto di keda fiel na otro te na morto."

---

5 - Romanonan 12:9-10b

A sigui un silensio kòrtiku, ya ku nos tur dos na mes momento a sinti e falta di esun ku ya no tabatei mas ku nan.

"Mi yu, ora boso kasa i bai biba huntu, tur kos lo ta nobo i diferente. Boso mester bai kustumbrá ku otro."

Mayo ta mustra ku su dede di mustra den direkshon di Milah. "Milah tende..., Toni no a kria den nos kas i abo tampoko no a lanta den kas huntu kuné. Tuma tempu pa otro i kuida otro. Traha palabrashon adelantá kon boso ta bai atendé den boso hogar. Komuniká i konsultá ku otro riba tur tópiko porehèmpel, kon boso ta dil ku e asuntunan finansiero, ekonómiko i seksual. Diskushon sano no ta malu, pero semper ku rèspèt pa otro. Papia i pensa bon tokante kua ta e momento pa krese(forma) famia. Kòmbersá i komuniká ku otro kon boso ke mira e kuido i edukashon di boso yunan. Kòrda huntu, semper huntu.

Por sosodé ku abo òf Toni rabia pa algu, boso por rabia, ma abo hasi esfuerso pa trese pas bèk den bo kas. [6]No bai drumi rabiá ku otro.

---

6 - Efesionan 4:26

Si akaso boso no por papia mesora riba e tópiko, palabrá pa hasié un otro dia. Meskos ku mama a siña boso komo rumannan di otro, pa semper traha riba solushon i komprenshon. Purba pone bo mes den sapatu di e otro i keda komuniká. Nunka usa palabra fo'i sla, nunka gaña otro, papia semper bèrdat ku otro. Keda papia ku otro te ora boso yega na un akuerdo.

Si ta nesesario i boso mester di konseho pa solushoná un disputa, buska yudansa. Pero mira bon serka ken boso ta bai. Boso kada un tin mayornan ku ta stima boso; di otro banda boso a skohe testigunan pa boso matrimonio. Aserká nan pa konseho si boso dos no por sali for di un diskushon òf konflikto. Nunka laga diskushon hiba boso na separashon. Tambe ora ta pidi konseho, sea sinsero. No skonde bo parti i mustra dede riba Toni."

"Invitadonan, manera boso ta skuchando, e loke ku Mayo mi mama a dunami komo konseho a kedami hopi bei te dia djawe ku mi ta kompartiendo esaki ku boso."

"Milah, bo tin ku imaginábo, ora un hòmber i un muhé kasa ta komosifuera ta dos nashon ta bini huntu. Kada un tin un otro kuadro di referensia. Kada un tin famia, kolega, konosí i amigunan. Toni

no ta abo ni abo no ta Toni, manera mi a bisabo kaba. Tene pasenshi ku otro, mantené pas i stima, sufri i sigui stima. Tin e boluntat pa sakrifiká pa otro.

Skohe pa alegria den kas, purba hasi mas tantu posibel kosnan huntu.

Di kurason, mama ta deseá pa boso tin un bida felis ku otro." "Tabata un kòmbersashon ameno, i mi a eksperiensiá su amor pa nos. Mi ta atmití ku mi a sintimi kla pa drenta e boto. Un dia mi tambe ke ta manera Mayo, mi mama."

"Kasa ku mi, amigu íntimo?"

Promé ku mi sigui ku mi doló, sufrimentu, rechaso i mas, lagami papia un ratu riba e tópiko di kiko ta un amigu íntimo? Un persona ku bo konosé mashá, mashá bon. Un persona ku bo gusta mashá hopi mes. [7]Un relashon personal mashá será. Den amistat íntimo nos ta papia di e amistat mas profundo ku ta basá riba un kompromiso pa invertí generosamente den bida di e otro partner. I e tin komo meta yuda otro madurá na un karakter piedoso kaminda honestidat, humildat i diskreshon ta e rekisitonan pa e amistat íntimo ei.

Kaminda nos por konsolá i resa pa otro no opstante prueba i sufrimentunan. Ora nos ta papia di amistat íntimo nos ta papia di e libertat ku ta eksistí entre amigunan pa koregí i mustra otro riba su [8]"blind spots"(ángulonan morto).
No simplemente e ta mustra dede riba e defisiensianan di otro su karakter, sino e ta diserní nan kousa i sugerí solushonnan. Un amigu íntimo semper ta fiel i leal.
E karakterístika primario di un persona leal i fiel ta, ku e ta balorisá honestidat riba tur otro kos. Un amigu leal por keda sin ta di akuerdo riba tur asuntu, sinembargo nunka lo e aktua pretensiosamente. Semper lo e lagabo sa e bèrdat si su opinion no ta kuadra ku esun di bo."

---

7 - 1 Samuel 18:1-4
8 - referí na e aspektonan di nos mes ku nos no ta kompletamente konsiente di nan.Esaki por referí na un kantidat di kos diferente – nos kalidat, balor, akshon, pekuliaridat, hábito, sintimentu, pensamentunan etc.etc.

Milah ta hala un rosea grandi, mira rònt i ta sigui bisando: "ta bon pa nos sa kiko ta un amigu íntimo. Ami sigur ta kere ku mi tabatin un amigu íntimo. Ku kos a bai robes no ta nifiká ku nos amistat no tabata riba e nivel akí. Ora e asuntu akí a pasa mi a kòrda ku diferente hende ku mi konosé a deskonsehámi pa kasa ku Toni. Nan ta argumentá ku si algu bai robes, bo ta pèrdè bo kasá i mesora tambe bo mihó amigu. Pero shonnan e no tabata mi mihó amigu sino mi amigu íntimo.

E kosnan ku mi tabata tende no a hasi influensia riba mi desishon. Despues ku Toni a pidimi pa kasa kuné, mi a haña invitashon pa bai ku un grupo di ekspreshon riba un gira. Manera m'a bini bèk for di e biahe ku mi a hasi, ma kontestá Toni ku sí, mi ke kasa kuné.

Durante e biahe mi a haña oportunidat di pone algun kos riba un rei. Mi tabatin un standarte ku mi a pone pa mi mes ku lo a yudami sa si di bèrdat Toni ta e hòmber ku mi ta stima. M'a yega di tende hende bisa ku bo ta sinti barbulètè den bo barika.

Loke ku ami tabata sinti ora mi tabata ku Toni ta un seguridat. Mi tabata sa ku mi por konfi'é. Mi tabata te asta anhelá di ta tur ora huntu kuné.

Mi mayornan tabata kontentu ku Toni, esei tambe pa mi tabata konfirmashon. I mi a haña mas siguransa, ora

ku mi tata promé ku el a fayesé, a dunami su bendishon. Otro aspekto ku a hala mi atenshon tabata e manera yen di rèspèt ku Toni tabata trata su propio mama, i tambe e forma ku su famia tabata papia di Toni.

Lagami konta boso algu ku mi a haña mashá prèt: Toni no a keda kontentu ku mi a bai biaha sin dun'é kontesta. Manera mi a konta boso, a invitámi pa biaha bai Hulanda i tambe Kenia ku un grupo di ekspreshon. T'asina ku un par di dia promé ku mi biaha huntu ku e grupo, tabata nèt e dia ku Toni a puntrami pa kasa.

El a bisami tambe ku no tin nodi kontestá mesora manera mi a bisa boso anteriormente.

Mi tabata sa kaba ku lo mi bisa SÍ pero ya ku el a dunami oportunidat pa pensa, mi a skohe pa warda. Ora m'a regresá m'a topa un Toni tur steif, wantá wantá. "

E maestro di seremonia ta bini dilanti i ta bisa e sala ku tin un pousa di un kuartu di ora. Durante e pousa algun hende ta komparti ku otro bebiendo un kòfi òf un te pero tambe tabatin algun hende pensativo. Un grupo di hende a keda den e sala skirbiendo òf okupá riba nan telefon.

Despues di pousa Milah ta sigui:
"Un dia Toni a invitámi pa topa kuné na parke di bestia. Su kara tabata serio; nèt mi feter di sapatu a lòs i mi a pidié si e por mar'é pa mi. El a bùk abou i mar'é pa mi. Mi ta kere ku na e momento ei el a relahá un poko, pasobra

ora el a lanta bèk mesora el a puntra dikon mi no a dun'é kontesta ainda.

Mi a keda sorprendé di e pregunta pero alabes mi a komprendé e motibu di e aktitut steif, i mesora m'a kontestá: "klaro ku mi ke kasa ku bo, ai nò, ban serio, dikon bo a duda?"

Mesora mi a nota un kambio riba Toni su kara. Kontentu nos a sigui papia i tambe kuminsá plania e gran dia. Pero promé Toni tabata ke konfesá algu ku a pasa den mi ousensia. Toni a konta kon un amiga a invit'é pa bai kome serka dje. Despues ku nan a kaba di kome, e amiga a ofresé Toni un kòpi kòfi. Segun nan tabata disfrutá di e kòfi, e amiga a konfesá ku e ta sinti algu pa Toni. Toni no a spera e loke e amiga a bisa i mesora sin duda el a kontestá ku ya e tin sintimentu pa un otro persona. I ku el a proponé matrimonio na e persona ei.

E motibu ku Toni a dunami ku e ta konta e suseso ei, ta pasobra e no ta ke pa nada keda skondí entre nos. Di mes esaki ta algu ku mi a apresiá mashá, pasobra esei pa ami a konta atrobe komo un prueba mas, ku Toni ta un hòmber honesto, un amigu íntimo.

Asina durante e simannan ku a sigui nos a kontinuá ku planiamentu di e gran dia.

Ami kinikintèr manera mi por ta, a tuma e inisiativa pa traha un guion pa nos gran dia, ku nòmber i kada un detaye skirbí aden.

Un dia mi a puntra Toni pa ora e sali trabou ku nos por topa pa mi mustr'é algu. Ansioso Toni a yega serka mi despues di trabou, pa e sa kiko ta e loke ku mi ke mustra. Mi a saka e guion i bis'é: 'Dushi mira, kon bo ta hañ'é? Tur kos pa nos gran dia ta skirbí aki den.'

Toni a tum'é, mir'é i a bisámi e siguiente: 'E ta mashá bunita, mi ta hañ'é tremendo, mashá bon hinká den otro ku tur e detayenan; uhm …… ta un lástima ku mi no ta mira e parti di mi mes aden. Kisas lo ta un idea pa nos dos por trah'é huntu? Milah, mi tin un proposishon, ban purba pa nos konsultá i kompartí mas tantu posibel ku otro. Nos por palabrá esei, tantu awor i tambe pa den futuro?"

Klaro ku Toni tabatin rason. Den mi entusiasmo mi no a pensa ku ta importante pa Toni tambe por bini ku ideanan. Mesora mi a sker e guion i nos a sinta huntu trah'é di nobo.

Nos a kuminsá prepará nos mes pa e matrimonio porehèmpel bayendo un kurso pre-matrimonial i tambe nos a kòmbersá ku diferente persona ku ya tabatin añanan den e boto matrimonial. I nos a tuma konseho spiritual serka un pastor. Tur esaki ku e meta pa nos por haña algun tep ku por yuda nos, unabes nos ta den e boto.

Nos a invitá tur hende ku nos konosé pa por forma parti di e gran dia i di bèrdat e dia tabata mashá bunita. Hopi tempu despues ainda esnan ku a presensiá e dia ei, a keda komentá ku tabata mashá bendishoná."

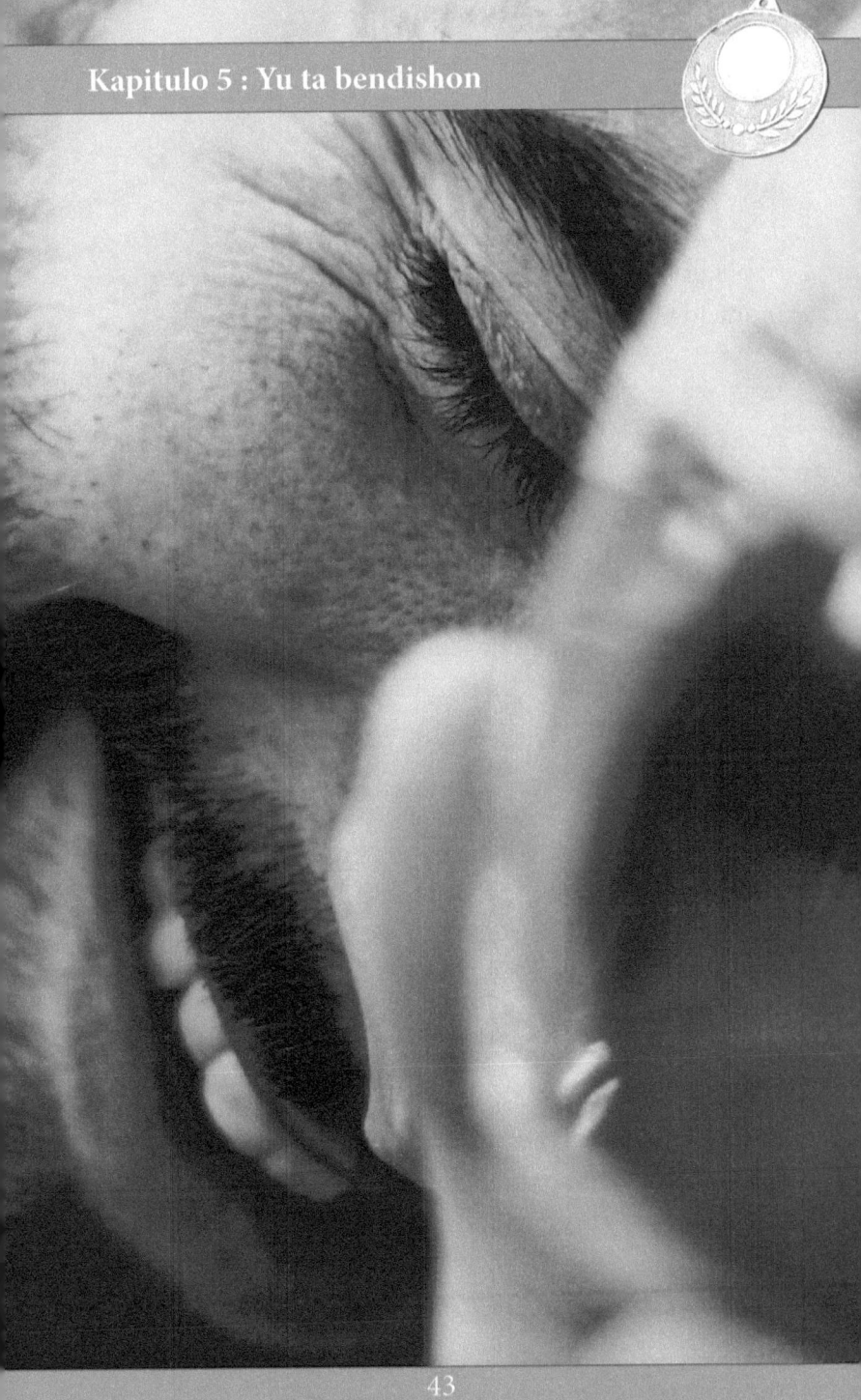

"Mi mester papia bèrdat, e promé añanan di nos matrimonio tabata mashá bunita. Nos tabata hasi hopi kos huntu; keiru, biaha i di bèrdat un bida ku kualke muhé lo tabata deseá.

Despues di algun aña nos a disidí huntu ku ta ora pa por laga nos famia krese.
Mashá lihé mi a sali na estado i e yunan a bini un tras di otro. Ora e di tres yu a nase, nos a opta pa ami stòp di traha i atendé ku kas i ku kuido di e yunan.

Di mes e tempu ku ami i Toni tabata pasa huntu ku otro a bira ménos i te asta ora mi mira bèk, mi por bisa ku el a baha di un forma drástiko.

Esei a pone ku Toni, mi esposo stimá, a sinti dado momento komosifuera ta pa e yunan so mi atenshon i kasi nada di tempu p'e! Anochi ora mi subi kama mi tabata asina kansá i tabata pega soño lihé. Te ora ku Toni bin drumi, e ta hañami ta ronka kaba. Mainta ora nos lanta, tabatin ku atendé ku e muchanan i Toni tabata prepará pa bai trabou.

Dado momento asta e oranan ku nos tabata pasa huntu hasiendo kosnan agradabel, no tabatei pasobra e yunan tabata eksigí hopi atenshon i kasi semper nan ta huntu òf rònt di nos.

Mi a ripará na sierto momento ku Toni tabata keda traha mas largu. Te asta wikènt e tabata bai trabou i ta ménos na kas.

Awor mi ta konsiente ku mi a pone mas atenshon na ser mama i ménos na ser esposa. Mi a purba pa nos bai un wikènt hotèl pero e promé anochi mi mama a yamami ku e yu mas chikitu tabata saka so i ku mester a bai dòkter kuné.

Nos no a logra plania otro eskapada mas, i bida a sigui su rumbo i nada no a kambia. Ami tabata okupá ku kas i e muchanan i Toni ku su trabou i ku mas tantu ora pafó di kas. El a yega di komentá ku di e forma ei e por distraí pasobra ora e yega kas kansá di trabou e no por ku e gritamentu di e muchanan. E muchanan ku tabata sinti su falta tabata bula riba dje i buska su atenshon.

Un dia un prima di mi a aserkámi i a ponemi na altura ku el a señalá Toni ku hopi frekuensia banda di su kas. I te asina leu ku e sa ta un dama yòn so ta biba na e kas enkuestion, aparentemente su nòmber ta Rosi. Mi a tuma e informashon for di mi prima, pero mi no a puntra Toni nada.

Un par di siman despues Toni no a bini kas henter un fin di siman. Ora el a presentá Djaluna bèk na kas, mi a konfrontّé ku e loke mi prima ya a kontami. Toni a trata na defendé su mes ku hopi argumento, entre otro el a

bisa: "Milah bo no tin tempu pa mi. Tur ora bai bo ta ku e muchanan so. Ta dunami e impreshon ku ya ami no ta konta pa bo. For di ki dia nos tabatin relashon seksual? Bo tin rasón mi a topa ku un hende ku si ta dediká tempu na mi. E ta stimami i huntu nos ta disfrutando di momentonan ameno!"

Maske mi prima ya kaba a avisámi di loke el a opservá i mi mes tabata konsiente ku Toni kasi no tabatei na kas, ta manera un baño di awa friu a basha riba mi. E úniko kos ku mi a kontestá na e momento ei tabata: "Mi no a ferwagt esaki di bo!"

Toni a sali bai i ami mesora a piki algun kos, kohe e yunan i bai kas di mi mama.

Nunka mi a pensa ku nos yunan ku nos a spera i anhelá di tin, ku ta nos bendishonnan, por a hunga un ròl pa nos separá for di otro."

"Ku hopi doló i un tristesa profundo mi a sali ku nos yunan for di kas i bai kas di mi mama. M'a sinti mi bergonsá i engañá. Toni, [9]manera diabel a kibra koko den su kara, a mustra ku ta ku e otro dams e ke ta i no a dura ni dos siman ku ya nan tabata biba huntu. Preguntanan tabata suta mi kurason i mi mente, i kada be di nobo mi tabata puntra mi mes. Un hende por a kambia asina rápido? [10]Hipókrita, kara di angel, kurason di diabel, tristu i penoso, pero ta ku e bèrdat ei nos mester biba awor. Via di un abogado mi a tende ku Toni a entregá petishon pa divorsio.

Mi a nenga di presentá na dos okashon den korte i esei a pone ku hues a dikta e divorsio di akuerdo ku loke lei ta preskribí. Toni no a demostrá niun tiki kompashon ni komprenshon.

Ora mi a haña e sentensia mi tabata sintá den stul ku mi mannan kargando mi kabes. Hopi pensamentu i pregunta tabata pasa den mi mente. Hamas mi por a pensa ku ami ku Toni, mi Toni, lo a abri for di otro. Tin biaha mi tabata kinipí mi mes pa mira si mi ta lantá òf si ta un mal soño mi tabatin. Esta un doló inmenso, m'a keda mi so ku mi yunan, sin nan tata i sin e amor di mi bida. Kon pa sigui awor?

---

9 - E no tin bèrgwensa.
10 - Un hipókrita, un persona inkonfiabel.

Di repente mi a bula lanta i dal un gritu, nò… nò… nò, mi no ta mi so! Mi mester por logra i lo mi logra sigur, miéntras mi ta na bida oportunidatnan no a kaba.

Mi a dal dos stap kana bai den komedor, lèn riba e mesa di komedor i e siguiente palabranan ku ta skirbí den e salmonan a bini na mi mente: "Oh Dios, ya mi ta mi mes, mi kurason ta trankilo. Mi ke kanta i toka pa Bo."

Un amiga di mi a invitámi pa bai misa i mi a bai kuné. Na kuminsamentu di nos matrimonio, Toni i ami tabata bai misa ku regularidat. Mi tabata kanta den e kor meskos ku dia mi tabata chikitu. Despues ku e yunan a nase i mi dia a bira manera kòrtiku, nos niun di dos no tabata bai mas.

Mi tabatin mester di e pas ei, pasobra mi kabes tabata kansá i kada be ta surgi e pensamentu ku mi a faya i ku ta pa mi motibu Toni a bai ku otro muhé. Mi ta rekonosé ku mi tabata sinti un doló profundo i tambe un rabia tantu riba Toni komo riba e muhé.

Pero un dia ku mi tabata den outo mi a skucha un kantika ku a tokami mes mes. E kantika ta bisa: "si tin pordon, por tin sanashon, i e kaminda pa restourashon por kuminsá!"

Ei mi a reflekshoná i ku bèrdat e doló ku mi tabata sinti, por kita ora mi aseptá ku mi mester pordoná. Nada fásil. Mi no por sigui mira falta di Toni so. Ami ku Toni a primintí ku nos lo ta fiel na otro. Di su banda el a asta

primintí ku lo e hasimi e muhé di mas felis na mundu. Dia mi a traha e guion di matrimonio mi so, el a ponemi realisá ku lo ta bon pa nos hasi e kosnan huntu. Antó ta dikon awor ku nos yunan a nase, i pa kolmo tras di otro, el a lubidá nos promesa i palabrashon. Maske tur e kosnan akí tabata kansami, mi a skohe pa laga lòs i enfoká riba loke ta yudami pa sigui ku mi bida.

E dia ei tabata e promé be despues di hopi tempu ku mi a eksperiensiá un pas inkreibel den mi paden. Mi a yora mashá hopi mes.

Ku yudansa di mi mama ku a tuma enkargo di mira e muchanan pa mi, mi a buska trabou. M'a bolbe ehersé e loke mi a studia p'e, esta frumu.

Ki satisfakshon i distrakshon di por yuda mamanan trese nan yu na mundu. Mi a sintími útil atrobe. Henter e situashon ku mi a pasa aden a ponemi sinti na dado momento ku mi no tabata sirbi. Sigur no komo esposa i kisas tampoko komo mama. Awor ku kada dia e bebinan tabata nase, mi a eksperiensiá ku ta manera ku Dios mes tabata mustra di e forma ei ku tin speransa i ku mi ta importante i di balor.

Asina dia, siman i lunanan a pasa i mas i mas mi a haña mi mes bèk."

Un stèm ta sona, ta e maestro di seremonia ku ta anunsiá un pousa. Tambe e ta bisa ku esnan ku tin ku bai por sinti nan mes liber pa bai i ku djis lo kontinuá. Despues di e pousa Milah ta sigui konta i pa straño ku por parse, niun hende no a skit.

"Un dia mi a topa ku un amigu ku mi a konosé durante mi estudio na Costa Rica. El a haña oportunidat di bin traha na Kòrsou. Mi sa ku for di e tempu ayá, e tabatin bista riba mi i mi no por gaña, el a keda mes dushi. Nos a sali diferente biaha pa bebe algu. Segun tempu tabata pasa, riba un dia el a konfesá na mi ku nunka e no a kasa pasobra el a keda semper enamorá di mi. E konfeshon ei si a kohemi di sopresa, maske mi tabata sa ku e tabatin bista riba mi.

Mi mester aseptá ku segun ami, e momento ei ainda mi kurason no tabata abrí pa un relashon nobo. Mi tabata puntra mi mes, lo mi por stima di nobo?

Ami i Franklin, e amigu ku a deklará su sintimentu na mi, a sigui topa ku otro i kada be mi tabata mas enkantá ku su presensia. Franklin ta un kabayero di trintishete aña di edat, koló skur, kurpa atlétiko, kende ta midi un meter setentisinku, wowo brùin, kabes chinu, i ta mashá desente i trankilo. Franklin tambe a kaba su estudio i awor tin su bon trabou den un botika lokal. E tabata bini serka nos na kas i mi mama tambe a simpatisá kuné. E tabata yudami ku e muchanan. E ta hiba i buska nan fo'i krèsh òf lès di landamentu. Mi a ripará ku e muchanan den komienso tabata poko reservá kuné pero despues nan a abri nan mes pa Franklin.

Un dia Franklin a puntrami si mi ta kere ku mi por abri mi kurason i pèrmití pa e por haña un parti aden. Mi a pidié pa dunami un par di dia pa mi pensa. Ora el a bai su kas mi a drenta mi kamber tur spantá i preokupá, pasobra mi no ke mas doló, mi no ke mas engaño, mi no ke mas tristesa pa mi yunan. Nò, mi no ke! Awa a kuminsá kore for di mi wowonan...

Di otro banda, pa ser franko mi a sintimi bon ku Franklin. Kanando bai bini den kamber, puntrando mi mes si di bèrdat mi ta kla pa un relashon nobo, di repente ta komosifuera mi a tende un bos suave den mi paden bisando, dikon nò? Mi a sinti un pas i a kuminsá sintimi mas sigur pero e loke ku mi a pasa aden ku Toni a pone un marka di deskonfiansa mashá profundo den mi.

Apesar ku Franklin ta kompletamente otro for di Toni, tòg tabatin biaha ku sin ku mi tabata ke, pues inkonsientemente mi tabata kompará Franklin ku Toni. Mi a papia e kos ei ku un hende den misa i e konseho ku mi a haña ta ku no ta honesto di mi parti pa kompará nan ku otro. Kada hende ta úniko i Franklin no tin kulpa di loke a pasa entre ami i Toni. M'a haña esei un bon konseho i for di e dia ei mi ta kere ku mi a haña konfiansa ku no nesesariamente lo mi frakasá si mi duna mi mes un oportunidat nobo.

Mi a mira kon Franklin tabata trata tantu ami komo mi yunan. E tabata purba di no fòrsa pa drenta den nos bida. Pero semper el a trata ku rèspèt i hopi kariño.
Awèl un dia mi a tuma kurashi i mi a bisa Franklin sí, mi ke! No a dura muchu ku nos a plania pa kasa ku otro. Nos no tabata ke un matrimonio ku hopi fanfaria pero algu simpel. Ami i Franklin a papia i nos a yega na un akuerdo pa pone Toni na altura di nos plan pa drenta e boto matrimonial. Franklin a husga ku no ta bon pa Toni tende di otro persona.

Mi a duna e yu mas grandi un karchi pa duna Toni. Mi a pidi Franklin, ku maske ta un matrimonio simpel lo mi ke bendishon di Dios sí. Pues lo mi ke kasa na kranshi i na misa. I asina a sosodé. Ora nos tabata sali for di edifisio di kranshi, mi a mira Toni pará leu ayá. Mi no tabata sigur, pero a mi tabatin e impreshon ku e tabatin

awa na su wowo.

Nos a hür un kas kantu di awa ku un kurá grandi i esei a bira e lugá ku mi mester atmití, ku mi a sintimi despues di hopi tempu felis atrobe.

Mi tin ku bisa ku un par di siman promé, e yunan a bisami ku Toni ta mustra mashá tristu i ku kada be e ta puntra kon ta ku mi. Tambe e muchanan a indiká ku nan no ta mira Rosi mas ora nan bai kas di nan tata. Grandinan sa bisa: [11]"Amor sinsero a pasa pa historia". Mashá poko ami i Toni tabatin kontakto ku otro. Mayoria di biaha e ta keda sinta den outo ora e tabata buska i hiba e yunan den wikènt. Sí, nos sa topa ora tin nochi di mayor na skol.

Franklin i ami tabata bai mashá bon ku otro. Nos tabata hasi hopi kos huntu meskos ku den kuminsamentu ku Toni. Tin biaha mi tabatin tòg e tendensia di kompar´é ku Toni. Maske mi tabata sa ku esei no ta bon pa hasi. Loke mas mi tabata gusta, ta ku el a kuminsá kanta den e kor di misa. Franklin a studia komo botikario pero su pashon ta músika. Den kas semper tabatin alegria i hopi kantamentu. Hamas mi por a pensa ku mi por a sintimi asina bon atrobe. Mirando mi yunan kontentu tabata hasi mi mashá felis.

11- Amor sinsero no ta eksistí mas.

Algu ku tòg a preokupámi un tiki, ta ku na un par di okashon Franklin tabata bisami ku e ta sinti un stek straño den su kabes. E tabata bebe remedi pa doló i tabata bisa ku e ta sinti bon.

Pero un dia m'a lanta mainta i ora mi a kumindá Franklin manera di kustumber e no a kontestámi. Mi a spanta i yama

dòkter. A resultá ku den su soño el a haña un derame serebral. Dòkternan a optá pa e bai Colombia pa mira mas aleu ta kiko ta loke nan a mira riba e skèn.

Mi a pidi Toni pa e muchanan keda serka dje i ami a biaha bai Colombia ku Franklin. Aya dòkternan a hasi diferente tèst i a saka afó ku nan tambe ta mira algu. A resultá ku un tumor ta kresiendo den su kabes na un kaminda ku ta difísil pa operá. Loke nan ta rekomendá, ta pa keda usa remedi i mira si e tumor ta krem di su mes.

Den avion regresando Kòrsou nos a palabrá kon nos lo sigui i kiko nos por spera di otro den e situashon akí. Ku un bos manera semper, trankilo i mansu, Franklin ta mirami den mi wowo, dunami un sunchi riba mi frenta i bisami: "Milah, skuchami, mi no ke pa bo ta preokupá, mi no tei pa preokupashon sino pa stimashon, mi no ta ku bo pa atversidat sino pa felisidat. Si mi a warda asina tantu tempu riba bo, maske bo a kasa bai, plis

dushi, dunami e oportunidat pa mi stimabo i kuidabo. Permitími karisiábo i lagabo sinti ku di bèrdat Dios a krea nos, un pa otro. Mare bo a tende di mi fo'i tempu nos tabata studia afó, esta dushi, esta bon, mi ta sigur ku nos lo tabata muchu mas mihó ku awe. Pero mi ta kontentu asin'akí tambe, pasobra Dios Su tempu no ta nos tempu. Dushi sa esaki, [12] 'amor ku stimashon ta igual, ma ta un palu ku ta nase den fondo di laman.' Franklin ta kohe Milah su man tene duru, lèn patras den su stul i tur dos a bai un soño profundo. Nos a regresá Kòrsou ku speransa ku lo sosodé manera dòkternan a sugerí. Nos a trata di sigui biba manera kustumber i tambe manera nos a palabrá den avion. Mi a nota algu mashá pekuliar mes serka mi kasá. Franklin no tabata keha kasi nunka pero tòg mi sa ku e tabatin hopi doló.

Tabata un Djaweps mainta, momento ku e oloshi den kantor tabata indiká ku no falta mashá pa mi baha warda i manera semper ami tabata ansioso pa bai kas. Mi hogar nobo di pas i felisidat. Ántes no tabata asina, pasobra mi sa kiko mi ta bai enkontrá i mi tabata manera [13]para sin nèshi. Pero awe Dios a bendishonámi ku un nèshi, un hogar literalmente kontentu i agradabel, kaminda amor real, genuino i puru a hasi su entrada. [14]Mi ta kontentu di mi alma. Mi yunan ta felis i ta bai mashá bon ku nan

---

12 - Amor i Stimashon ta meskos pero difísil pa kontra.
13 - Sin kas, sin kuido
14 - E ta mashá kontentu

tantu na skol komo na kas. Pa kuartu pasá di 6 mi telefon a sona i mi a mira ku e number ku ta yama ta di Timmy, mi yu. Mesora ta pasa den mi kabes, ta pakiko e ta bèl tempran asina? "Ya dushi, mòru, bendishon, kon ta ku bo?" "Mama, mama bini kas lihé, Tio a bira malu, mama, mama…"

Mi mannan a kuminsa tembla, telefon a kai fo'i mi man, mi no por a para mas riba mi pia. Un kolega ku a ripará algu a ko bini serka mi, brasami i bisa; 'sinta trankilamente, Milah kiko a pasa?"
"Mi kasá, mi kasá a bira malu, mi ke bai kas lihé." "Awèl, Milah, mi mes ta hibabo kas, ban!".

Den outo mi tabata resa ferverosamente, pidiendo Dios pa warda(protegé) Franklin, miéntras su kolega ta kontestá e orashon ku vários amèn. Djaleu kaba, mi a mira porta di kas, anchu abrí. Ora nos a baha for di outo mi a mira Timmy di apénas 10 aña, bistí na su uniforme di skol, pará tur spantá. Su tras mi por a mira un hende drumi abou. Mester ta mi kasá…, ta Franklin.

M'a kore drenta kas, bùk abou, chèk su pòls i grita: 'Franklin, Franklin bo tei, no bai Franklin, no bai dushi, papia ku mi, kontestami'. M'a bolbe chèk su pòls i skucha si e tin rosea i mi no tabata ker a kere loke mi tabata pensa tabata bèrdat i mi a kuminsá reanim'é. Franklin tabata drumi komosifuera e tabata na soño.

Pero ora dòkter a yega el a konfirmá ku loke mi a nota tabata sierto, i ku ya Franklin no ta huntu ku nos mas. Dòkter, dòkter, Franklin a muri? Dòkter bo no por hasi nada mas pa Franklin? Dikon dòkter, dikon? Promé kos ku a pasa den mi mente tabata, esta un doló, mira kon mi ta bolbe pèrdè un hende ku mi a abri mi kurason p'e. Kon mi ta hasi dil ku e doló akí?

Ku mi yunan den mi brasa, mi mester a mira kon e waha di morto tabata bai ku e ser ku a trese felisidat nobo den mi kurason i den nos kas. E hòmber ku a rekreá konfiansa den mi bèk. E amigu ku a demostrá fieldat i lealtat, rèspèt i rekonosementu. E esposo ku a deramá amor, atenshon i afekshon den mi kurason. Nos tur ku awa na wowo a keda mira otro sin por a papia ni un pia di palabra.

Despues di un silensio chikí ku a parse un eternidat, mi yu muhé Maya a bira mirami duru den mi kara i ku un stèm fuerte el a bisa: "Mama ta kòrda kiko e pastor a prediká siman pasá. E di ku Dios nunka ta lubidá riba Su yunan i E mes lo duna nos forsa pa pasa den tur problema te asta ora di morto".

Milah ta lanta fo'i su stul seka su wowo, hala un rosea profundo, mira rònt den e sala i ta dal un par di stap dilanti i bisa; "Shonnan, lagami konta algu di mi yunan den henter e proseso ku ami a i tabata pasando aden. Diesseis aña pasá ora mi a haña mi promé yu Timothy, mi a pensa ku ami ta e mama di mas felís riba e mundu akí. Un dushi yu ku parse su tata mashá hopi mes. No solamente su kara sino henter su manera di ta.

Durante e temporada ku Toni i ami a divorsiá, Timmy manera nos ta yam'é a demostrá ku komo ruman grandi, e ta sali pa ami i su rumannan. Na skol no tabata bai bon kuné i un dia su mener a yamami pa presentá na skol. Durante e lès di Papiamentu e muchanan mester a skirbi un karta pa un hende mashá spesial den nan bida. Mener a pensa ku ta bon pa lagami tira bista riba loke Timmy a skirbi. Ku un kurason poko kibrá mi a tuma e karta di e mener, pasobra mi mente a bai riba tur e kosnan ku mi yunan tabata pasa aden, dia aden dia afó, pa motibu di e ousensia di nan tata, nan protektor. E karta tabata bisa asin'akí:

"Tata, mi ta spera ku tata no ta rabia ku mi. Awe mener a bisa pa mi skirbi un karta pa un hende mashá spesial. Promé m'a pensa pa skirbi Mami un karta pero tòg m'a disidí di skirbié pa tata. Mi no ta kere ku tata mes lo hañ'é pa lesa ma no ta nada. Ami i mi rumannan ta sinti tata su falta mashá. Anochi ora nos ta riba kama, nos ta tende

Mami ta yora. Dikon tata a bai laga nos? Tata no stima ni Mami ni nos tampoko mas?

Hopi biaha ora tata bin buska nos pa bai lès di landamentu mi tin gana di papia ku tata i bisa loke mi ta sinti i pensa. Joshua i Maya tambe ta puntra ki dia tata ta bini bèk. Nos no gusta bai na tata su kas pasobra Rosi no ta hasi lif ku nos. Ora tata tei e ta papia nèchi pero ora tata kita bai, e ta mira nos ku kara mahos. Tata si ta ami òf mi rumannan a hasi mala mucha ku tata a bai laga nos, porfabor bini bèk tata, nos ta bai komportá nos mihó.

Tin un tio ku yama Franklin ta bini hopi be serka Mama. Tio ta mashá líf. E ta hunga playstation ku nos i tur kaminda ku nos tin ku bai e ta hiba nos. E ta toka kitara i tambe e ta toka sinfonia di boka. Nos ta kanta hopi i tin be nos tambe ta toka, i Tio ta siña nos.

Mama ta traha hopi. Tur dia kasi i ora e yega kas e ta kushiná i limpia kas. Ami ta yuda mama sí. Mama a siñami pone aros.

Tata, mi tin gana pa mi skol bai bon ma mi no por konsentrá. Kada be mi mente ta kita i mi ta keda pensa dikon tata a bai laga nos. Tata, mi ta stima tata i mi ta sinti tata su falta.' Esaki ta e karta ku mi yu a skirbi pa su tata."

Milah ta hala rosea i ta puntra kuantu tempu mas e tin. E maestro di seremonia a bira mira oloshi. A bira lat pero tur hende den sala ke pa Milah sigui konta.

"Lagami sigui konta dia ku mi a yega kas i topa ku Franklin den e estado ei. Mi no por deskribí ku palabra kiko mi a sinti e dia ei. Esta un doló. M'a pensa ku esaki sí mi no por dil kuné.

Ku mi yunan brasá, mi a mira e waha di morto bai ku Franklin. Timmy a bira puntrami si e por a yama su tata i pidié pa bini. Mi no sa kiko mi a kontestá. Mi ta kòrda ku ora Toni a yega mi a puntr'é si e muchanan por bai un par di dia serka dje. Mesora Toni a aseptá. Mi a nota ku e no tabata sigur si e mester konsolámi òf kiko pa hasi. El a disidí di djis pone su man ku koutela riba mi skouru i despues el a bai ku e yunan.

Mi a yora dianan largu puntrando Dios ta kiko mi a hasi pa meresé tantu doló asina. Dikon ami?

E pastor di e iglesia i otronan a bini i resa ku mi. Nan tabata di gran sosten pero e doló inmenso tabatei ketu bai. Nan a papia hopi ku mi i tambe un di nan a bisami pa stòp di puntra dikon ami. 'Bo no ke pa e pasa ku un otro hende tampoko tòg?'

Mi a pidi liber na trabou pasobra mi no tabatin forsa ni ánimo pa traha. Mi a realisá despues ku mi a kai den un lòk. Mi tabata den un depreshon i depresividat enorme. Entre mi mama i Toni nan tabata sòru pa e yunan. Mi tabata drumi hopi i mi mente tabata mashá kansá.

Dòkter di trabou a rekomendá pa mi bai un sikólogo.
Un dia ku mi yu mas chikitu a bini den kamber i a bisami: "Mami mi ta sinti bo falta!" E palabranan akí a dal mi duru; ta manera un stèm a bisami: 'Lanta riba, Mi ta yudabo.' Awe mi tin sigur ku mester ta Dios mes a papia ku mi.

Mi a lanta i mi a traha un sita ku e sikólogo. Kada siman pasa, mi tabata bai pa un seshon serka e sikólogo ku tabata hasimi hopi pregunta. Kada biaha mi tabata lòs mas tantu i tabata haña kurashi pa bai mas i mas profundo.

Tambe mi tabata kòmbersá ku mi pastor ku tabata skucha i resa pa mi. I meskos mi famia i amigunan tabata kòrdami den nan orashonnan.
Tiki tiki, ku stapnan chikí, mi tabata sinti ku mi tabata sali for di e pos di doló.
No tabata nada dushi ni nada fásil. Mi tin ku aseptá ku sin e hendenan ku tabata disponibel i dispuesto pa saka un man pa yudami, lo mi no tabata sa kon pa dil ku e inmenso doló akí ni tampoko kiko pa mi hasi.

E pregunta kon pa sigui tabata keda drai ketu bai den mi mente. Tuma retiro? Bai biba afó? Kiko mi mester hasi? Kon pa sigui?

Awor boso lo ta puntra ki lès mi a saka for di tur loke mi a pasa aden? Wèl un kos ta sigur: bo mester di Dios i hende rònt di bo.

Mi sa ku den e relashon ku Toni mi a entregá mi mes kompletamente na atendé ku e yunan. Mi mester a pone un balansa. Enbolbé Toni, komo nan tata, mas tantu den atendementu ku e muchanan.

Tambe lo tabata bon si mi a pidi yudansa ora m'a nota ku atendé ku e yunan a pone ku no a sobra tempu pa dediká na Toni i na nos matrimonio.

Mi a asumí ku Toni lo a komprendé ku e tempu ku nos tabatin promé a bira ménos ora e yunan a nase. Asumí no ta korekto pasobra bo ta ferwagt algu di un hende ku e persona no sa di dje. Na lugá di asumí òf ferwagt, bisa e loke ku bo ta pensa òf ta deseá.

Ora mi a nota ku Toni tabata keda hopi for di kas, mi por a puntra algu òf abri e kòmbersashon ku un pregunta sin niun tono aserka porehèmpel: "Kon bo ta haña ta bayendo ku nos relashon?"

Na lugá di esei mi a konfront'é ku loke mi prima a kontami di loke e tabata mira banda di su kas.

Mi no ta bisa ku e matrimonio ku Toni lo a keda eksistí pero aloménos tabata balapena trata.

Pa loke ta e relashon ku mi defuntu esposo, mi ta kontentu ku mi a abri mi kurason i a pèrmitié drenta. Loke mi a eksperiensiá den e matrimonio ei ta asina bunita. El a respetámi, dunami balor, i kuida mi yunan. Semper e tabata kla pa yudami. Serka dje mi tabata sintimi protegé. Nunka mi a pensa ku e relashon ei ku tabata manera kualke muhé lo a deseá, lo a terminá di un forma abrupto asina.

Tiki tiki mi a kuminsá bai trabou bèk i tambe atendé ku e muchanan. Maske nan a krese, tòg nan tin mester di mi atenshon. Bida a sigui su kurso i kosnan a kuminsá normalisá. Timmy a bira yonkuman grandi, formal i semper desente, ku hopi rèspèt i semper pendiente di su mama. E ta bèl mi konstantemente sea ta na trabou òf unda ku mi bai: 'Mama tur kos ta bon, kòrda kuida i sa ku mi tei pa bo'.

Awor e ta den su último aña di vwo i su deseo ta pa studia pa sikólogo. Ku e yu di dos Joshua, so mi tin poko mas problema, ya komo Joshua semper tabata mas pegá na Toni i semper e ke ta huntu ku su tata. No, ku e mucha ta ònbeskòp òf freipòstu, sino simplemente su tata ta su tata. Mi ta sòru pa nunka mi no entremeté entre e amor di e tata i e yu, alkontrario mi ta stimul'é pa keda kòrda semper ku ta e hòmber ei ta su tata. Tantu un yu muhé komo un yu hòmber mester di su tata. [15]'Falta di tata', ta e tendensia [16]demográfiko mas dañino di e generashon akí. 'Falta di tata' ta e kousa prinsipal di e bienestar [17]dekresiente di nos sosiedat di tantu e mucha komo e adulto. [18]Si balki di kas kai, kas ta pèrdè forsa.

---

15 - Lesa e buki di Papi Welton Esprit – Ken ta mi tata?

16 - Relatá na poblashon humano i e informashon kolekta tokante nan, manera entre otro: kresementu, edat, tamaño i edukashon

17 -Bahada - menguante – afnemend , dalend na Hulandes – disminución na Spañó – declining na Ingles.

18 - Ora kabes di famia muri, e famia ta plama for di otro. (Kas sin tata – ta famia plamá)

E efekto di 'falta tata' serka tantu e mucha hòmber komo mucha muhé por ta igual.

E mucha muhé no solamente ta atmirá su tata komo su 'role-model' (modelo di kondukta/modelo ehemplar) mas importante, pero e ta siña tambe kon pa trata ku hende hòmber. E yu mas chiki Maya esei ta totalmente diferente, e no a pasa den e loke e dosnan mas grandi a pasa. Pero ún kos ta sigur, Franklin tabata su mihó amigu, su tata, su ruman grandi i su Sanikolas. Awe su doló ta: Mama Tio no ta bini mas? Pero mi a ripará ku pa motibu ku e rumannan ta mas ku Toni aktualmente, e situashon emoshonal di dje ta kambiando poko poko.

Aktualmente e ta mas amabel ku Toni i tin be manera Toni kore yega serka nan, e ta bai serka dje na outo. Mi ta kere ku e rumannan ta papia ku otro tokante nan tata i Franklin. Pero ún kos ta sigur, Dios Mes lo yuda nos pasa den e vaye di sombra di morto akí, pa nos por sigui kana pa subi e seru di éksito."

Milah ta wanta un ratu, mira rònt, seka su kara, dal un slòk di awa i ta sigui ku su historia familiar.

"Mi a nota ku na diferente okashon Toni tabata buska un manera òf otro pa haña mi atenshon. Nos tabata topa otro ku basta regularidat ya ku el a tuma riba su mes pa hiba i trese e yunan ora nan tin ku bai hasi deporte.

Tur ora ku e yega serka nos na kas e ta manera kai den un akshon di morkoi. E no ke bai, e no ta pura e muchanan ni maske nan ta lat. Toni tabata hasi hopi esfuerso pa kombensémi ku e ta arepentí di loke el a hasi.

Un dia ku Toni a yega un tiki tempran pa buska un di e yunan, awaseru tabata kai hopi duru. Pa mi sorpresa e biaha akí el a puntra si e por drenta paden un ratu. Mi a bai di akuerdo i a ofresé algu di bebe.

Di un forma espontáneo Toni a bisa: 'Milah, mi ke bisabo algu. Ku tur rèspèt, ora mi mirabo mi ta sinti un apresio grandi i diferente pa bo. Mi ke pidibo pordon. Mi a konfrontá mi foutnan i mi ta arepentí for di profundidat di mi kurason. Ta duel mi tur loke mi a hasi i ku mi a ponebo sufri. Si un dia bo por abri bo kurason bèk pa mi, mi no ta primintí ku lo mi hasibo e muhé di mas felis ku ta eksistí, pasobra mi a primintí esei un biaha kaba antó mi no a kumpli. Loke sí mi ta bisa, ta ku lo mi tei pa bo i Dios lo yudami i dunami forsa pa mi kuidabo.'

Ku un kurason poko rabiá i te asta un tiki frustrá mi a pensa: '[19]mihó bo no hisa mundu karga na kabes, lag'é pa Dios, pasobra ta Dios a trah'é.' Mi a keda mira Toni stret den su kara, miéntras awa tabata laba mi kara pa loke mi

---

19 - Laga kos kana manera e ta bai.; (tambe: No traha trabou di mundu, lag'é pa Dios, pasobra ta Dios a trah'é.)

tabata tende. Mi tabata kla pa bai kontestá Toni, pero ata e muchanan a kana yega nèt promé ku mi por a bisa algu. 'Mami, Papa, mira e portrèt akí ku nos a saka aworei, e kos akí ta arte, mira kon solo ta reflehá den e spil akí, na skol nos a siña ku esei yama spektro.

Nos tur dos tabata emoshoná. Mi a seka mi wowo i Toni tambe, e muchanan den nan entusiasmo no a ripar
á nada. Awaseru a pasa i promé ku nan sali kas, Joshua ta puntra: "Mami, plis plis, Papa por keda drumi awe serka nos? Ya nos por hunga playstation. Mi tin un wega nobo ku mi tin sigur ku mi ta gana Papa."

Mi a kontestá: "Papa por bini ora e tresebo bèk i keda hunga un ratu ku bo, pero despues Papa ta bai su kas, awe ainda Papa no ta keda!"

Un smail a dòrna Toni su kara: "Ainda?" Mi a tende Toni ripití e palabra "ainda" poko poko kasi sigur el a kere ku mi no a tende.

Ku un sonrisa grandi el a bira bisa su yu: "kòrda ku mama di, ainda nò!"
Toni a kuminsá hari poko duru pasobra e no sa kiko el a tende i kiko el a komprende di, "ainda no".

Kapitulo 11 : I awe, unda Milah ta pará?

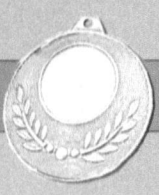

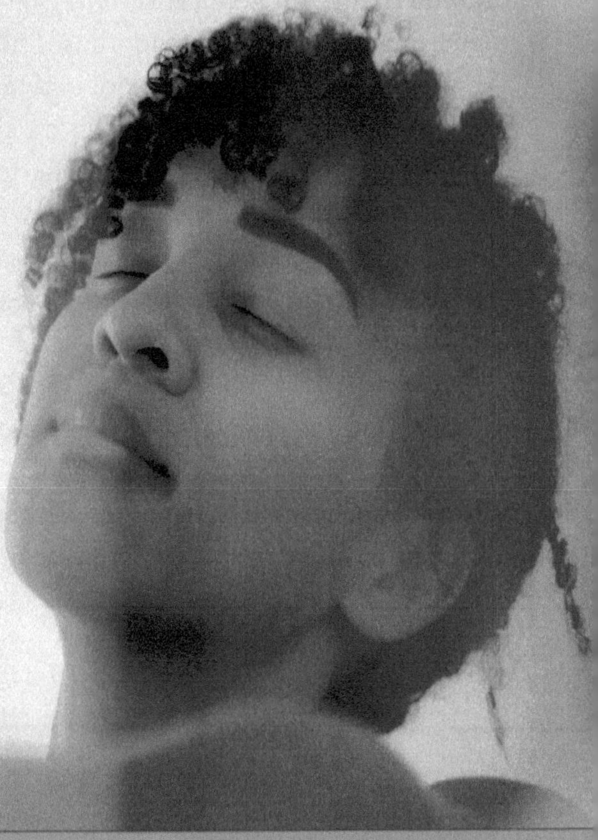

Un hende den sala ta hisa man i puntra: "Milah, antó unda bo ta pará awe?"

Milah ta hari ku un goso i ta ripití e pregunta di e señora sintá te dilanti den e sala na rant di su stul.

"Unda mi ta pará awe?"

Di repente tur hende den sala na harimentu, un historia tristu, un akontesimentu doloroso, un aventura desepshonante, a kambia den un ambiente plasentero pa motibu di un [20]pregunta abrí.

Awèl manera mi ta kontando boso, mi ta bèk riba pia. Mi muchanan ta birando grandi i mi ta kontentu ku nan ta kresiendo salú i ku ta bai bon na skol. Toni ta hopi enbolbé den nan bida. [21]Shonnan, "perfume skèrpi ta bini den bòter chikitu".

Mi tin ku bisa ku Toni ta hasiendo su esfuerso pa tei pa e yunan pero tambe pa mi.

Kada be ku nos topa Toni ta bolbe pidimi pa pordon'é. Un di e biahanan ei, mi a mira Toni den su wowonan i kontestá: "A tumami hopi tempu pa mi por a pordonábo, pero un dia Dios a papia na mi kurason den un kantika.

---

20 - Pregunta abrí ta invitá / pidibo pa bo konta bo historia i pa duna mas in- formashon.
21 - Hende kurpa chikí tin hopi biaha potensial grandi.

Loke m'a tende den e kantika: "Milah, si bo ke sigui ku bo bida, bo tin ku realisá ku pordoná ta kuminsá serka ABO; tanten bo no pordoná, ta abo ta sigui kana ku e persona mará na bo man manera un piedra grandi i pisá. Bo ta sigui lastra e piedra akí i ta bo mes e ta kansa i hasi daño".

Mi a sigui bisa Toni: "E dia ei m'a komprendé ku mi tin ku tuma un desishon pa pordoná di manera ku ami por a sigui. Toni bo sa, a tumami basta tempu promé ku mi a aseptá un hòmber den mi bida despues di nos divorsio. Mi esposo Franklin, (dfm), tabata un hòmber ku a stimami i semper a respetá tantu ami komo mi yunan. E añanan ku Dios a pèrmitími biba huntu kuné a yuda pa mi haña mi balor komo hende muhé bèk. Pa Franklin e relashon seksual no tabata e kos di mas importante. Alkontrario e por a komprendé ora mi ta kansá. Maske e mes tabatin su kondishon ku su salú, e tabata dunami masashi ora e nota ku mi ta kansá".

Segun mi tabata konta Toni kuantu a kosta pa mi a siña pordoná, i e felisidat i trato ku mi a haña serka Franklin, awa tabata yena su wowo. El a atmití ku e tabatin asina tantu duele di loke el a hasi ku e persona ku e tabata stima, djis den un momento di debilidat. Miéntras e tabata papia su mente ta bai riba su frakaso i desishon deskabeyá tumá. Su memoria a rekordé kon e promé dia ku el a presentá ku Rosi na kas di su mayornan. Promé kos ku su mama a bisé ora el yega kas serka dje ku Rosi:

'Mi yu no lubidá palabranan sabí di bo tata: [22] "Anochi tur pushi ta pretu".

Awe, mi no por gaña. Mi ta sintimi bon. Tin dia ku rekuerdonan mashá fèrfelu. Pero mi a skohe pa sigui.

Danki pa skucha parti di mi historia. Si bo ta identifiká bo mes ku kualke parti, mi ta abrí pa kontestá bo pregunta. I djis kòrda ku tanten tin rosea tin speransa pa algu nobo i diferente."

---

22 - Den skuridat tur mucha muhé ta parse bunita.